Les Appliqués su

(République du Bénin)

A. Félix Iroko

Josette Rivallain

Dessins

Marie-Claude Eyraud

Collections du musée de l'Homme
Laboratoire d'Ethnologie
(Muséum national d'histoire naturelle)

Maquette
Anne Lebossé

Éditions SÉPIA
6, avenue du Gouverneur-Général-Binger
94100 Saint-Maur

Histoire de la république du Bénin et des appliqués sur tissus

Jusqu'au XVIe siècle, seule l'histoire de grands royaumes, d'États, de cités est connue en Afrique de l'Ouest. L'actuel Bénin apparaît alors comme une mosaïque d'une quarantaine de regroupements socio-culturels ayant chacun son histoire, ses modalités de fonctionnement et ses richesses culturelles propres.

Les appliqués sur tissu ont été réalisés au sud du pays dans un royaume fondé par une famille princière, celle des Agasuvi à Abomey, le futur Danhomè. Ce royaume s'est formé à la suite des difficultés de succession sur le trône d'Allada. Guerriers, les souverains Alladahonou ont conquis de nouveaux territoires lors de combats contre leurs voisins.

Ils ont choisi de consigner leurs hauts faits* sur des tentures* ornant leurs palais. Le premier souverain à avoir fait ce choix est Agonglo. Ces tentures* ont été réalisées avec des tissus importés, dont l'acquisition a été facilitée par la conquête de Savi au XVIIIe siècle. Le souverain d'Abomey entra alors en relation directe avec les Européens et les comptoirs de la Côte des Esclaves impliqués dans le commerce triangulaire*.

Au cours du XIXe siècle, des artistes européens ont réalisé des dessins des souverains revêtus et entourés d'attributs de leurs pouvoirs.

a rendre Sc-Dessin

Le Petit Journal

TOUS LES VENDREDIS
Le Supplément illustré
5 Centimes

SUPPLÉMENT ILLUSTRÉ
Huit pages : CINQ centimes

TOUS LES JOURS
Le Petit Journal
5 Centimes

Troisième Année — SAMEDI 23 AVRIL 1892 — Numéro 74

BEHANZIN
Roi de Dahomey

Histoire des textiles en Afrique occidentale

En Afrique de l'Ouest, l'histoire des textiles est souvent liée à celle des royaumes. Au cours des siècles précédents, le Sud de la république du Bénin a vu passer des vagues de migrants venus de l'Ouest et de l'Est. Chacune a laissé sur place une partie de ses membres et un savoir-faire particulier parfois originaire d'autres régions : les parasols sont peut-être hérités des habitudes des grands empires de la Boucle du Niger, du monde haoussa et des Cités-États yoruba. Les drapeaux des Fanti du Ghana ont pu servir de modèles aux appliqués. Chez eux, comme dans le Danhomè, les drapeaux servaient à distinguer les différents groupes lors de combats.

À Abomey, le métier à tisser le raphia a dû apparaître sous le règne du roi Houègbadja. Le coton fut employé à partir du roi Agadja au plus tard, au contact des gens venus du pays akan, les Blounou.

Puis les Yoruba, venus d'Oyo, introduisirent un nouveau type de vêtements. À leur tour, les Alladohonou venus de Tado supplantèrent les Guèdèvi. Ils apportèrent de nouvelles techniques de dessin et celle des tissus appliqués sur un fond uni servant à rehausser le prestige royal.

Les appliqués sont réalisés à partir de tissus importés : basin, coton imprimé, mousseline, bien différents des cotons tissés sur place.

La technique des appliqués

Spécialité d'Abomey, les appliqués sur tissu sont le résultat de l'activité de plusieurs catégories d'artisans : fileuses, tisserands, tailleurs, brodeurs, et également de forgerons qui forgent les ciseaux, l'aiguille, le dé. Les Hountondji, originaires de Tado, sont forgerons et bijoutiers du roi.

Les femmes âgées filent la bourre* du coton sur la fusaïole*. Le fil ainsi préparé sert à tisser ou à coudre et apparaît en blanc ou écru. Autrefois en raphia, les étoffes en coton se sont généralisées à la fin du XVIIIe siècle. Le fil ou l'étoffe peuvent être teints dans un bain de teinture dont la couleur change selon les végétaux utilisés.

Un rouge-marron-violet provient de la préparation du sorgho pilé ; un autre rouge, du tronc du sorbier pilé ou d'une plante aux graines rouges, *atikoué,* qui est pilée puis additionnée d'alun et de potasse qui servent de mordant*. Le bleu noir est obtenu par macération de feuilles d'indigo pilées. La teinte est plus ou moins soutenue selon la concentration du liquide et le nombre de trempages du fil. Souvent, elle est poussée jusqu'au noir.

Le jaune est extrait de la racine de gingembre sauvage.

La teinture pouvait être assurée par les couturiers. Le tissage est le fait des descendants du roi Agonglo, la couture, celui des Yémadjè dont les ciseaux sont l'emblème.

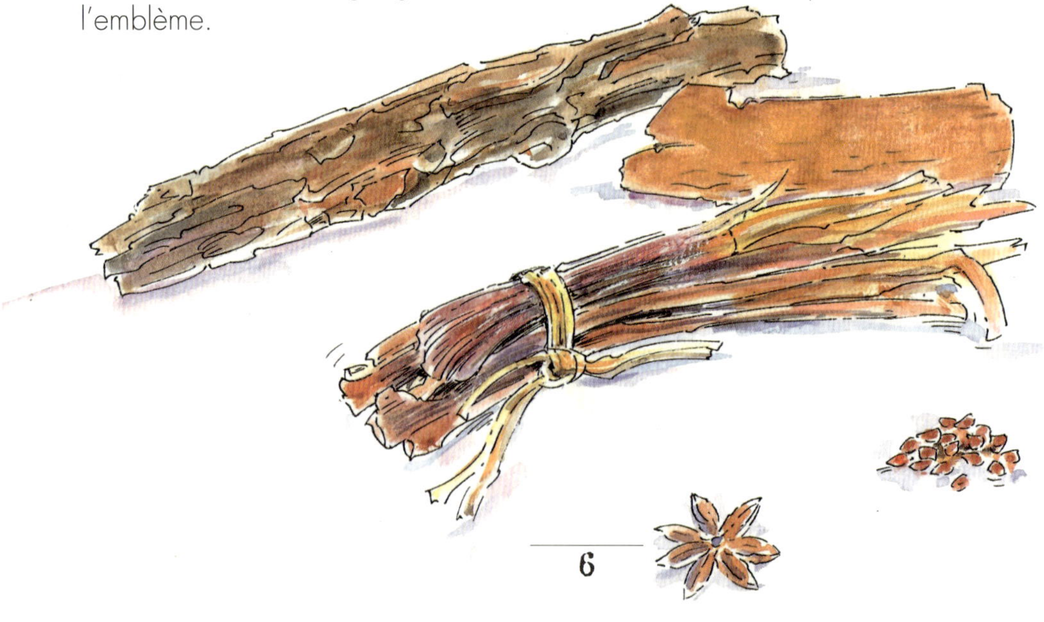

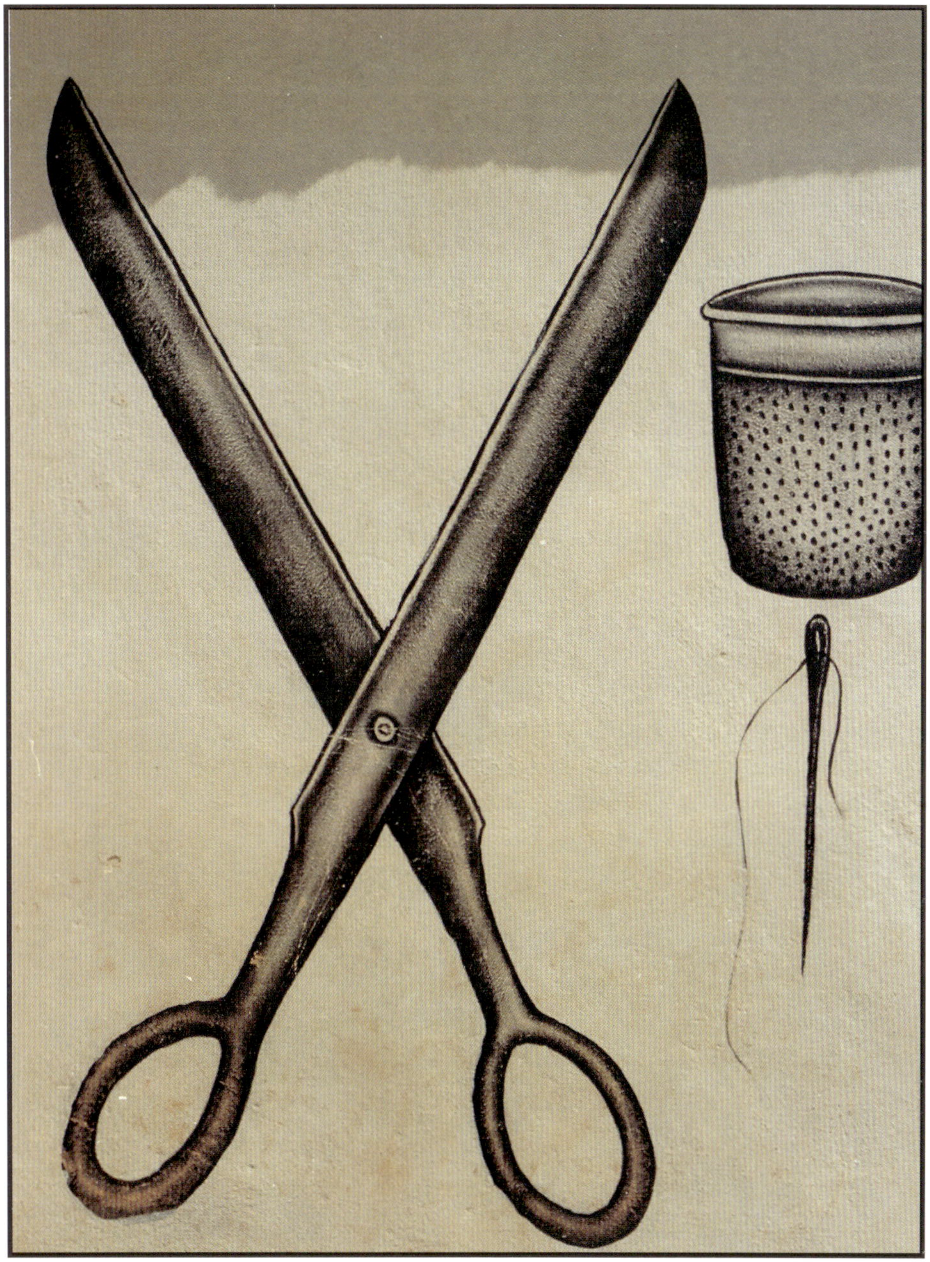

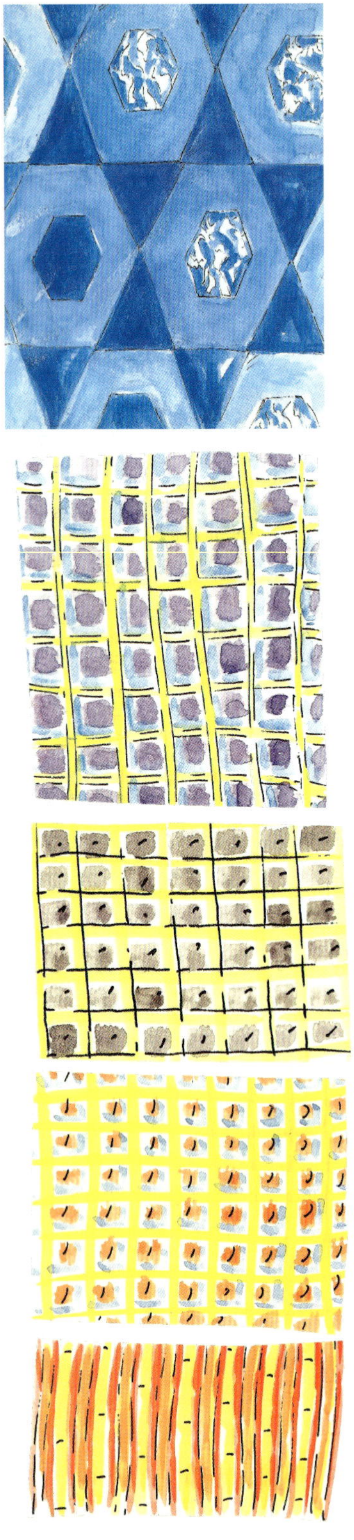

La confection

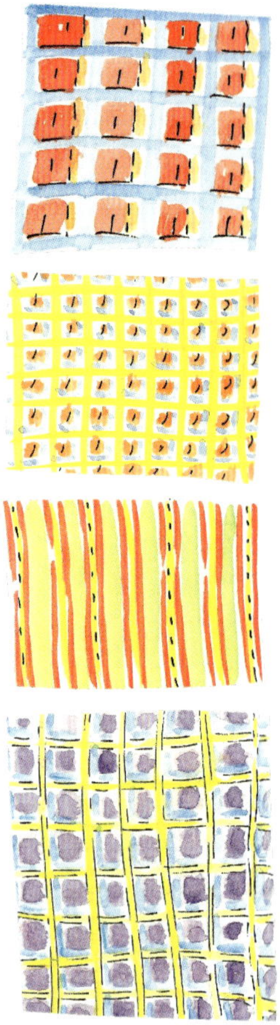

La confection des appliqués revient aux tailleurs et aux brodeurs. Sur un fond uni, le brodeur applique des pièces d'étoffes découpées par le tailleur avec ou sans l'aide d'un patron.
Traditionnellement, les tentures* sont réalisées sur un fond blanc ou noir. Au cours du XXe siècle, on a eu recours à des fonds jaunes ou rouges.
Selon les personnages représentés, le tailleur choisissait autrefois des teintes précises : les guerriers fon étaient taillés dans une étoffe rouge ; les coiffures des Amazones* étaient ornées de crocodiles. La gamme étendue des tissus importés permit de varier les représentations des appliqués. Au XIXe siècle, le fond était souvent en popeline, les appliqués en mousseline, en soie ou en tissus imprimés ; les appliqués du début du XXe siècle sont découpés plus particulièrement dans des basins : jaune, vert, bleu, rouge.
Les tissus découpés étaient fixés sur le fond par un faufil*, parfois rehaussés de broderies. Après les avoir disposés selon l'ordre demandé par le commanditaire, le brodeur rentrait le rebord du tissu avant de le coudre. Le fil utilisé servait parfois à compléter le motif réalisé en étoffe : selon la couleur adoptée, il figurait certaines parties du corps, comme les ongles.
Les tentures* étaient achevées autrefois par une bordure cousue à la main. Sa teinte différait de celle du fond.

Tailleurs et brodeurs

Depuis le roi Glèlè, les appliqués, et particulièrement les tentures*, sont l'œuvre des Yémadjè parfois aidés d'Adagbé et d'Accalogou. Adagbé est connu comme l'homme ayant amené à Abomey la femme qui deviendra la mère du roi Glèlè.

Comme tous les artisans, tisserands et brodeurs vivaient dans des quartiers spécialisés non loin du palais. À partir d'Agonglo, les tisserands s'installèrent dans le quartier Gbèkon - Houégbo. Les tenturiers Yémadjè vivaient dans le quartier Hêtchilito, proche du palais.

De nos jours, à Abomey, les artisans sont en partie installés dans l'une des grandes cours du palais. Mais autrefois, les habitants ne pénétraient pas dans l'enceinte royale.

Les Yémadjè travaillaient à la demande du souverain pour les besoins du palais et également pour les princes et les chefs intronisés par le souverain. Toutefois, certains appliqués restaient l'apanage du roi.

Une fois la royauté d'Abomey affaiblie, les activités des artisans perdirent une grande part de leur sens. Les familles princières continuèrent de passer quelques commandes. Les nouveaux administrateurs, plus ou moins conscients de cette réalité, incitèrent certains artisans à perpétuer leur savoir-faire. Toutefois, de nombreuses réalisations ont disparu.

De nos jours, les Yémadjè assurent la confection de tentures pour les touristes, reprenant des symboles anciens.

Fonctions des appliqués

Les plus anciens appliqués encore existant remontent au milieu du XIXe siècle. Chaque souverain choisissait des allégories caractéristiques qui servaient à l'identifier. Ainsi est-il possible de reconnaître le règne de tel ou tel roi à travers les appliqués qui sont conservés. En effet, après l'intronisation officielle, le souverain choisissait son nom, représenté par un idéogramme*. Puis, au cours de son règne, il s'en attribuait d'autres à la suite d'événements importants rehaussant son prestige.

Les appliqués servaient à désigner le roi, à souligner sa grandeur, à rappeler les hauts faits de son règne et de ceux de ses ancêtres, au même titre que les autres attributs du pouvoir.

Une part des tentures* restait dans les palais et n'était vue que par le souverain et ses proches. Les sujets n'étaient pas autorisés à franchir le seuil de la demeure royale.

À Abomey, le roi apparaissait en public sous un parasol dans la cour extérieure du palais. Les dignitaires étaient protégés par un dais* ou des bâches. Au XIXe siècle, les bâches étaient réalisées en Angleterre et ornées à leur arrivée à la cour d'Abomey. Elles étaient dressées dans la cour du palais à l'occasion des cérémonies, comme on le voit sur les dessins et les photographies anciennes. Les longues tentures-tapisseries* du palais, les grandes bannières sont également typique du XIXe siècle.

Variété des appliqués

Les différents souverains d'Abomey ont choisi des décors distincts pour illustrer les hauts faits* de leur règne. Selon les époques, les appliqués commandés aux tenturiers n'ont pas tous eu la même forme. Au milieu du XIXe siècle, c'étaient de longues tentures-tapisseries*, des toiles de bâche, des parasols. Au XXe siècle, on a commandé des tentures*, des parapluies, des ornements de coiffure et de chaussures.

Pendant ses déplacements en hamac, le souverain était protégé par des parapluies ornés d'appliqués et par des parasols.

Lors des cérémonies organisées devant le palais d'Abomey le souverain était assis face à ses sujets sur un siège disposé sur une estrade sous un parasol. Les motifs des chaussures et des coiffures désignaient également le rang des dignitaires.

On reconnaît les bannières aux pièces d'étoffes cousues à l'envers pour glisser les hampes*. Les parasols sont montés sur une astucieuse charpente en bois, bloquée par une tige de fer. Les parapluies sont importés d'Europe depuis longtemps. À leur arrivée, les tenturiers démontent la toile, l'ornent d'appliqués ou bien la changent, puis la remontent.

Appliqués et allégories royales du XVIIe siècle

Ce premier siècle de la royauté aboméenne est plus connu par les sources orales que par les écrits. En fait, les débuts de la royauté restent obscurs et, selon les époques et les intérêts politiques du moment, la liste des souverains n'est pas toujours déclinée de la même façon.

Il y a encore une décennie, le premier roi retenu était Dako Donou, représenté par un pied d'homme à côté d'une jarre d'indigo. Ce souverain a tué Donou, un des ennemis des princes Alladahonou, et d'un coup de pied renversa sa jarre d'indigo.

Des intrigues politiques récentes, reléguant au deuxième rang Dako Donou, ont conduit certains princes à faire de Ganyihessou le premier roi avec, comme emblème sur les appliqués, un grand oiseau, sans doute un oiseau de proie, auquel il s'identifiait pour montrer qu'il était un responsable clanique, et un tam-tam. Rien ne peut empêcher le tam-tam de résonner, comme rien ne l'empêchera de se faire entendre lui-même dans la famille.

Houégbadja succéda à Dako Donou ; sur les appliqués apparaît un poisson à côté d'une nasse dans laquelle il refuse d'entrer. Houégbadja, « le poisson a refusé d'entrer dans la nasse », est l'affirmation allégorique de la volonté de ce roi d'échapper à ses ennemis qui ne pourraient jamais arriver à le capturer.

Arrivé au pouvoir à un âge déjà avancé, Akaba, successeur de Houégbadja a préféré le symbole du caméléon qui, lentement mais sûrement, arrive jusqu'à la cime de l'arbre.

Les appliqués et les allégories royales du XVIIIe siècle

Le XVIIIe siècle aboméen s'ouvre avec la venue d'un jeune souverain qui prend le nom d'Agadja. Il va se livrer à de nombreux combats contre ses voisins ; à l'est contre le roi d'Oyo, au sud contre le roi d'Allada. Puis, il fait la conquête de nombreux royaumes méridionaux, dont celui de Savi, et ouvre la voie qui permet d'entrer en contact avec les Blancs. Désormais, il ne sera plus obligé de passer par des intermédiaires pour acheter les riches marchandises venues d'Europe. Cet événement, capital dans la vie du royaume Danhomè et dans l'évolution de la géopolitique de la Côte des Esclaves au XVIIIe siècle, fut immortalisé sur les appliqués par la représentation d'un bateau.

Tégbèssou, son successeur, a préféré, lui, choisir un buffle habillé pour montrer son invincibilité : « Aucun être humain ne saurait déshabiller un buffle habillé ». L'emblème de son successeur, Kpengla, est un oiseau : « Je planerai au-dessus des hommes comme un oiseau en plein vol », un léopard avec une proie dans la gueule : « Le léopard qui va à la chasse ne revient pas bredouille » ; et le fusil, arme qui était alors d'un usage révolutionnaire.

Avant-dernier roi du XVIIIe siècle, Agonglo, célèbre par ses réformes en faveur du peuple, est allégoriquement représenté sur les appliqués par un ananas : « La foudre est tombée sur un palmier à huile, mais le rônier a échappé ». C'est l'ananas dont l'appellation se confond, par jeu de mots, avec celle du rônier, qui paraît avoir été choisi par les artistes à la place de l'arbre.

Les appliqués et les allégories royales du XIXe siècle

Le souverain qui achève le XVIIIe et débute le XIXe siècle est Adandozan. Il fut écarté du pouvoir à la suite d'un coup d'État. Ce souverain a laissé une image controversée et son trône manque au palais d'Abomey. Ainsi a-t-on gommé son règne de la mémoire royale et les appliqués allégoriques le concernant sont aujourd'hui rarissimes.

Son jeune frère et successeur, Ghézo, est représenté sous la forme d'un buffle ou d'un éléphant, animaux qui incarnent la force, ou d'un oiseau cardinal qui, en dépit de la rougeur de son plumage, ne saurait mettre le feu à la brousse car aucun de ses ennemis ne parviendra à le vaincre. Réfugié à Kana, il avait reçu l'appui du Chacha de Souza*. Au cours de son long règne, il réorganisa l'armée, qui s'appuyait sur un corps célèbre d'Amazones*, et acheva de libérer le royaume des attaques du roi d'Oyo.

Intronisé à sa mort, son fils Glèlè choisit comme emblème le lion, auquel il aimait à se comparer. Glèlè continua à protéger son royaume des incursions de ses voisins avec l'aide des Amazones* et fit de nombreuses conquêtes.

A la fois représenté sur les tissus par l'œuf (« la vie tient de l'œuf que la terre désire » disait-il) et le requin, remarquable par son impétuosité, Gbéhanzin fut le dernier roi du Danhomè indépendant. Son frère et successeur Ago-Li-Agbo, intronisé sous le regard de la France, est représenté sur les appliqués par un balai, ou un pied d'homme heurtant un caillou : le Danhomè a heurté un pied contre un caillou et a trébuché, mais n'est pas tombé (en quelque sorte, tout n'est pas fini).

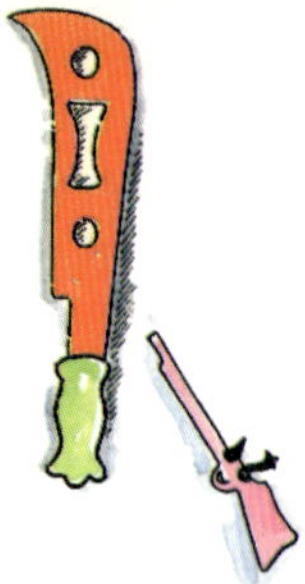

Appliqués et grands événements

A travers les allégories qu'ils rapportent, les appliqués constituent à leur manière un livre d'histoire et, d'une certaine façon, relatent également les hauts faits et les événements du passé.

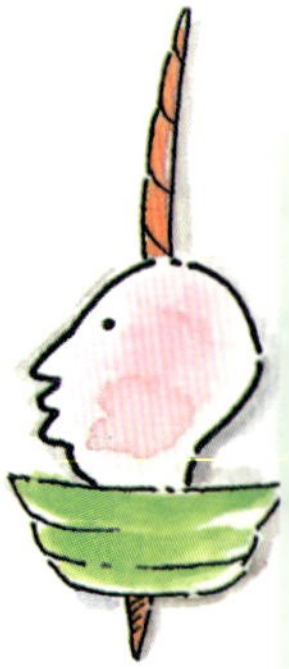

C'est ainsi que des scènes de guerre sont rapportées, à travers lesquelles les guerriers du Danhomè culbutent les ennemis, les décapitent, jettent leurs têtes dans des calebasses que d'autres transportent lors du retour dans la capitale.

Ces scènes de guerre immortalisent souvent les luttes entre le royaume d'Oyo, à l'est, et le royaume d'Abomey. L'un des points forts de ces combats est le souvenir du refus du roi Adandozan de continuer à payer tribut au souverain d'Oyo qui en tirait une grande richesse. Les tissus évoquent la gloutonnerie du roi d'Oyo et l'invitent à aller par lui-même s'adonner à des activités agricoles pour en vivre.

La couleur des étoffes appliquées sert à identifier les partenaires : au milieu du XIXe siècle, les prisonniers ressortent en noir ou bleu sur fond blanc, les valeureuses Amazones* en teinte rouge avec un bonnet blanc orné d'un crocodile.

Nombreuses également, sont les scènes de chasse figurées par des appliqués. On y voit la bravoure des chasseurs armés de fusils s'en prenant à des animaux féroces.

Appliqués, intronisation et parade

Maintenant, les appliqués restent encore en bonne place dans les cérémonies d'intronisation de dignitaires et les grandes manifestations publiques qui ont annuellement lieu à la cour d'Abomey.

La fête annuelle, dite des costumes ou « *houétanou* », est l'une des manifestations publiques les plus grandioses à la cour d'Abomey. Le seizième jour de cette fête, où des têtes de captifs de guerre tombaient par dizaines ou centaines, a lieu le rituel d'Agbangnahi. Le souverain exhibe le « *Tokpon* », abri circulaire de toiles multicolores d'où pendent d'autres tissus. Toute la partie externe, exposée au regard du public, porte des appliqués en forme de trônes, de figures géométriques et d'allégories royales évoquant les symboles des souverains et leurs hauts faits. Les artistes Hantan et Zinflou, brodeurs et décorateurs du « *Tokpon* » le font en secret, car personne, en dehors du roi et des dignitaires, ne doit voir cet objet de parade avant son exposition le jour des cérémonies. Le « *Tokpon* », qui signifie « que le peuple vienne voir », est un précieux instrument de cette politique officielle d'ostentation.

Lorsqu'un prince ou un dignitaire reçoit le sacre du roi, ce dernier lui offre des insignes du pouvoir, comme des chapeaux décorés d'appliqués multicolores. Par la suite, ces hommes distingués par la cour commandent aux tenturiers des appliqués pour leurs effets, dont des sacoches.

OKPON
MEDJEMADOKOKPON

Tentures funéraires

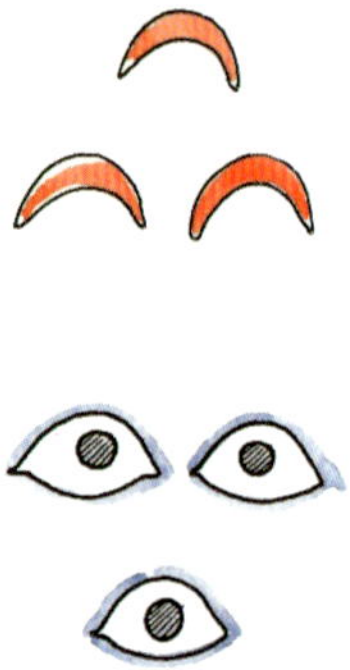

Quand, à la fin du XIXe siècle, le roi Gbéhanzin fut vaincu par la France, la royauté perdit une grande part de son autorité. Or, le souverain commandait des travaux à plusieurs catégories d'artisans qui travaillaient exclusivement pour lui.
Par la suite, les artisans reçurent quelques commandes des familles royales, mais surtout se reconvertirent aux nouvelles demandes apparues peu à peu.
Des années 1930, subsistent plusieurs tentures* à caractère funéraire choisies par un membre de la famille d'un défunt ou par un de ses amis pour louer la qualité de la vie du disparu, déplorer son absence et conjurer la mort. La toile est ornée de personnages, d'animaux, de plantes, d'outils dont l'assemblage forme un rébus. Chaque élément est chargé d'un code précis et de jeux de mots. L'agencement des rébus changeait à chaque commande et lors de la cérémonie, le maître du deuil* entonnait le chant qui en donnait la clé.
Les funérailles des grands personnages s'accompagnaient d'offrandes importantes : un cortège se formait derrière l'ami fidèle du défunt. A cette occasion, on sortait le hamac qui symbolisait le disparu, ainsi que les parasols et les ombrelles. Autour du cercueil, s'accumulaient les dons qui devaient accompagner le mort dans la tombe.
Également dans les années 1930, les tenturiers exécutèrent des copies de tentures funéraires*, souvent à la demande d'Européens.

Les appliqués et leur diffusion

Art de cour célèbre, les représentations allégoriques sur toile n'ont pas dépassé les limites des milieux des dirigeants politiques et des princes aboméens durant la période précoloniale. Leur influence sur les civilisations nago ou yoruba est faible. Leur diffusion dans l'aire culturelle ajatado est, en général, récente.

Les royautés du Sud du pays ont tardivement emprunté ces habitudes, en acquérant, par commande, toiles, chapeaux enjolivés d'appliqués, parasols et dais*. C'est le cas d'Allada, royaume plus ancien que celui d'Abomey, où les appliqués n'ont jamais existé ; mais certains rois, princes ou dignitaires en commandent, parce qu'ils sont parlants et esthétiques, et se les approprient à l'occasion des grandes fêtes d'intronisation et de leur commémoration.

Les souverains d'Abomey ont également fait don de certains appliqués aux représentants d'autres États. Une tenture* du milieu du XIXe siècle fut offerte par le roi Ghézo à Napoléon III, alors président de la République française (1848-1852). Ces cadeaux font partie d'une vieille tradition d'échanges entre responsables politiques, mais les appliqués d'Abomey n'ont pas connu autrefois de diffusion importante.

ROI d'ALLADA

Tentures actuelles

De nos jours, les artisans installés dans une cour du palais royal d'Abomey perpétuent l'ancien savoir-faire hérité de l'apogée de la royauté.

Les tisserands préparent des nappes ornées des allégories royales. Les tenturiers exposent les productions actuelles : représentations des anciens symboles royaux, avec parfois mention des dates des règnes. Puisant dans l'ancien fonds des traditions rurales et dans celui de la divination par le Fa, les tenturiers figurent des animaux : le lion, symbole de la force, les oiseaux, manifestations de la domination ou support des charges du monde. D'autres tenturiers travaillent dans différents quartiers de la ville, à la demande des familles royales et des dignitaires de la région.

Ils proposent également des modèles particuliers aux étrangers de passage. Leurs tentures* présentent des qualités techniques et des dimensions plus restreintes que celles d'autrefois, avec des sources d'inspiration appauvries.

La célèbre famille de tenturiers Yémadjè assure toujours une production variée. Certains de ses membres exécutent des tentures d'inspiration plus libre à caractère artistique et cherchent à se faire connaître d'un vaste public.

Remerciements

- Au musée du Palais et à ses conservateurs
- À Abomey : au Prince Nondichao Bachalou pour la qualité de ses informations et sa disponibilité.
- À Pierre Edoumba pour la saisie du texte.

Cet ouvrage a bénéficié du soutien de la Mission de Coopération et d'Action Culturelle de Cotonou.

Crédit photographique :

- Photothèque du musée de l'Homme : Collection B. Maupoil,
- Daniel Ponsard,
- Projet du Développement Culturel du Bénin, Cotonou,
- Françoise Decoville - Sautier.

Lexique

Les mots suivant sont signalés dans le texte par un astérisque.

Amazone : femme soldat de la cour royale d'Abomey. Ce célèbre corps participa activement aux guerres de conquête du XIXe siècle.
Bourre : duvet du fruit du cotonnier.
Chacha de Souza : d'origine brésilienne, fondateur de la famille béninoise de Souza. Il s'intalla à Ouidah dont il devint le premier personnage. Il eut de nombreux descendants.
Commerce triangulaire : commerce existant à partir du XVIIe siècle entre l'Europe, l'Afrique et le continent américain.
Dais : protection en tissu, en bois, placée au-dessus d'un trône, ou d'un hamac.
Faufil : fil de fixation provisoire placé par le couturier pour fixer entre elles les pièces d'étoffes avant la couture définitive.
Fusaïole : peson en terre lestant le fuseau sur lequel s'enroule le fil de coton.
Hampe : manche en bois supportant un drapeau.
Hauts faits : épisodes glorieux du règne d'un souverain.
Idéogramme : signe graphique représentant le sens d'un mot, et non les sons.
Maître de deuil : ami du défunt chargé de diriger les cérémonies mortuaires.
Mordant : produit acide dont on imprègne les étoffes pour leur faire prendre la teinture.
Tentures : morceaux de tissus découpés et appliqués sur une toile plus grande pour représenter des symboles.

Imprimé en France par Imprimerie Service S.A.